AF362667

LE CHÈQUE

ÉTUDE FINANCIÈRE.

PARIS. — IMPRIMERIE DE DUBUISSON ET Cᵉ, RUE COQ-HÉRON, 5.

LE CHÈQUE

ÉTUDE FINANCIERE

PAR

A. SERRE.

PARIS

E. DENTU, LIBRAIRE-ÉDITEUR,

PALAIS-ROYAL, 13 ET 17 (GALERIE D'ORLÉANS)

1861

PRÉFACE

L'économie financière a fait chez nous, comme science théorique, depuis plusieurs années, de rapides progrès. Nous avons discuté et nous discutons tous les jours sur les institutions et les coutumes des différents peuples. Nous savons tirer des déductions excellentes, tracer sur le papier des plans superbes, émailler la critique d'une érudition admirable, si bien qu'à lire nos journaux, nos revues, nos livres spéciaux, on nous prendrait volontiers pour la nation la plus avancée de l'Europe en matière de finances.

De l'autre côté de la Manche, c'est tout autre chose. L'économie financière est bien loin d'y jouir d'une aussi grande faveur théorique. On n'y écrit guère d'articles généraux, et les journaux de la spécialité y contiennent moins de dissertations savantes que d'exposés aussi secs, aussi arides, aussi positifs, que le seraient des comptes de doit et avoir. L'érudition en matière de commerce et de banque y est parfaitement négligée, et tel qui chez nous aborde avec succès, dans la société, une discussion brillante et sonore sur des questions d'escompte, de spéculation, de circulation monétaire, serait tout stupéfait, s'il était subitement transporté devant un auditoire anglais, de voir bâiller à son discours les plus fameux banquiers de la Cité. Voilà, dirait-il, une nation singulièrement indifférente aux grandes idées de progrès : je parle travail, banque, industrie, capitaux ; je pense exciter un intérêt universel, et personne ne me fait la réplique.

La raison de cette apparente anomalie n'est que trop simple. En Angleterre on met en œuvre, en France on disserte. En Angleterre le banquier, le négociant, l'industriel, ne s'imaginent guère qu'une question d'économie commerciale puisse le moins du monde devenir une occupation récréative, par ce motif judicieux que l'usage quotidien, le perfectionnement incessant du mécanisme financier, est leur occupation sérieuse et perpétuelle. Tout le monde, depuis le noble qui siége à la Chambre des Lords jusqu'au plus humble boutiquier, est initié aux rouages divers du mécanisme des banques. L'Anglais ne comprend peut-être que d'une façon médiocre la fameuse maxime : « Je suis homme, et rien de ce qui intéresse l'homme ne m'est étranger ; » par contre, il dira fort naïvement : « Je suis Anglais, et rien de ce qui touche au commerce ne me reste étranger. »

Chez nous, on professe ; chez nos voisins, on pratique. Or, toute idée qui est encore du domaine de la science professée implique un fort petit nombre d'individus aptes à l'apprécier. Où est la cause de cette dissemblance ? Dans le caractère particulier à chacun des deux peuples.

En France, sur toute chose, le préjugé pousse de profondes racines, et, quand il les a poussées, un Hercule ne les extirperait pas. Il faut qu'une génération entière y passe pour qu'elles soient définitivement arrachées. En Angleterre, le préjugé est inconnu, dans l'ordre des faits matériels principalement. Le jour où l'on croit avoir trouvé le mieux, vite le moins bien disparaît. Signalons une autre dissemblance qui n'est au reste qu'une face de la précédente. En France, personne n'ose expérimenter par soi-même une innovation ; on attend toujours que le voisin l'ait expérimentée, ou, ce qui est pire, on attend que l'État ait dit son avis : rien en dehors de l'influence et de l'opinion de Sa Majesté financière l'État. En Angleterre, au contraire, on attend fort peu de l'Etat ; chacun attend tout de soi-même ; c'est à qui fera le plus tôt l'essai d'une amélioration. « *Go head !* » était une maxime anglaise avant d'être le mot de passe du peuple américain.

Cette timidité inhérente à notre caractère quand il s'agit d'innover est quasi dépassée, s'il est possible, par la timidité de ceux à qui il faut faire admettre l'innovation. Le billet de banque, par exemple, a enfin pénétré dans les campagnes ; mais combien n'a-t-il pas fallu d'années pour qu'il y fût admis sans méfiance et pour que le paysan comprît que la valeur fiduciaire en était aussi sûre que la valeur réelle de l'or et de l'argent! Toutefois, il faut bien le reconnaître, depuis quelques années nous avons fait, dans le sens de l'initiative, des progrès réels : les titres mobiliers ont obtenu, dans toutes les classes de la société, une faveur qu'on n'eût guère prévue il y a seulement trente ans ; trois emprunts ont infiltré l'inscription de rente jusque dans les plus modestes portefeuilles. Mais qu'on y regarde d'un peu près, et l'on s'apercevra que, malgré cette amélioration dans les tendances de l'esprit public, il existe encore une énorme différence entre l'éducation financière de la majorité du peuple français et celle du peuple anglais. Quelles seules valeurs le public français admet-il sans méfiance? Les titres dits à tort titres mobiliers, rentes, actions, obligations. Or, ces titres dits mobiliers, il ne les admet que parce qu'ils représentent des capitaux fixes, que précisément parce qu'ils n'ont de mobiles que la négociation : qu'est une inscription de rente, une action, une obligation, sinon une part de propriété dans un capital immobilier, soit à jamais, soit à long terme? En définitive, quelque nombreuses qu'aient été les cessions d'un même titre, le titre n'a fait que changer de propriétaire, mais le capital dont il exprime la propriété reste fixe et immobile dans sa destination primitive. Le public anglais, lui, accorde une égale faveur aux titres représentatifs de capitaux fixes et aux titres représentatifs de capitaux circulants, c'est-à-dire au papier de commerce. De cette intelligente vulgarisation la richesse générale reçoit un puissant concours. En effet, le capital circulant, le capital dont le banquier est l'intermédiaire soit par l'escompte, soit par le compte courant, représente des transactions sans cesse renouvelées, sans cesse multipliées ; il représente des transactions aboutissant forcément et toujours à une consommation prochaine, à un échange de produits dont la valeur se reproduira nécessairement en espèces, sous la forme la plus disponible. Le capital circulant est toujours rendu à la consommation, le capital fixe ne peut changer d'emploi. Le capital fixe est la représentation de l'épargne, rien de plus.

Or, si chez nous le public, nous le répétons, s'est initié facilement aux opérations de placements, il est demeuré rétif aux opérations de circulation. Pour la circulation, il comprend difficilement qu'on use d'autre intermédiaire que de numéraire ou de billets de banque. Les théories de banques d'échange ont été ridiculisées par lui, bien plutôt à cause de son ignorance en matière de crédit qu'à cause des dangers réels qu'elles offraient dans l'application tant au point de vue économique qu'au point de vue social. Le *Banking system*, adopté en Angleterre, inauguré partiellement en France, patroné par les notabilités financières, est presque resté, par le même motif, à l'état de lettre morte. Or, le *Banking system*, dont le *chèque* est la base, offre précisément à la circulation des capitaux le concours le plus énergique qu'elle puisse recevoir. Elles sont cependant peu nombreuses en France les personnes qui se rendent réellement compte du rôle économique que le chèque est appelé à jouer dans notre organisation financière, et qu'il joue, depuis nombre d'années, en Angleterre, aux États-Unis et même en Espagne, où son application date de 1847. En vain le Crédit foncier, le Crédit industriel et commercial, des établissements privés, ont-ils mis en pratique l'idée anglaise; ils n'ont pu jusqu'à ce jour la populariser. Le public n'a point encore compris les avantages matériels qu'il doit rencontrer dans l'emploi du chèque. C'est à lui démontrer ces avantages à un point de vue exclusivement pratique, c'est à lui exposer les détails les plus intimes de ce mécanisme financier que tend ce travail.

LE CHÈQUE

I

Le principe financier, pivot de la science économique, se résume en quelques mots : *Mobilisation exclusive et complète de tout ce qui est la représentation d'une propriété soit mobilière, soit immobilière*. Les actions mobilisent la propriété industrielle ; les obligations foncières, la propriété agricole ; le billet à ordre et la lettre de change, la propriété commerciale ; le billet de banque mobilise le capital de circulation générale. Il reste à mobiliser le capital particulier, pour compléter cette large synthèse à laquelle semblent tendre tous les économistes.

Mobiliser le capital particulier, tel est le but du *chèque*.

Le mot *chèque*, qui a obtenu droit de cité dans la langue technique, est d'origine anglaise et dérive du verbe *to check*, qui, en matière de comptabilité, signifie : contrôler, vérifier, par la comparaison d'un titre avec un autre. Le chèque, en effet, est pour ainsi dire un instrument de contrôle pour obtenir l'équation de tout compte courant, équation dont les membres sont l'entrée et la sortie du capital de tel ou tel déposant dans la caisse du banquier dépositaire.

Le *chèque* est la représentation, pour celui qui l'émet, de tout ou partie d'un crédit ouvert par une maison de banque, mais d'un crédit effectif résultant soit d'un versement espèces, soit d'une négociation de valeurs ou de lettres de crédit, soit même d'un dépôt de titres négociables ; sa valeur intrinsèque est donc incontestable.

Il a pour but de mobiliser, par l'ouverture de comptes courants, et en lui faisant produire intérêt, le numéraire immobilisé, soit dans les caisses commerciales pour les besoins journaliers du commerce, soit dans les caisses particulières pour des opérations de placement dont les probabilités sont plus ou moins rapprochées, et même pour les besoins ordinaires de la vie. Il rend ainsi disponible, au profit du commerce et de l'industrie, ce numéraire, en favorisant sa circulation dans les proportions les plus larges.

Sans entrer ici dans des détails statistiques dont la justesse serait plus ou moins contestable, il est évident que le capital que le commerçant laisse inactif dans sa caisse en prévision d'un achat de marchandises à bas prix, et même pour le payement de ses factures à la fin de chaque mois, de ses billets à chaque échéance ; que le fermier conserve enfoui dans une armoire pour payer les bestiaux qu'il achètera au commencement de l'hiver, et le prix de ses fermages ; que le propriétaire laisse en dépôt et sans intérêt chez son notaire, et quelquefois à la Banque de France dans les villes où elle a des succursales, en vue d'une acquisition future, d'un placement avantageux sur hypothèque, etc. ; que le rentier confie, sans intérêt, à son agent de change, pour être converti en achat de valeurs quand ces valeurs seront descendues au cours qui lui donneront un revenu désirable ; que chaque famille, enfin, garde par devers elle, pour les nécessités probables de son existence, etc., etc. ; il est évident, disons-nous, que ce capital en numéraire est immense, et qu'autant sa circulation serait utile à la fortune publique, autant son immobilité apporte de gêne, inaperçue peut-être, mais réelle, dans le courant général des affaires.

Le *chèque* a pour effet de remédier à cet inconvénient en mobilisant et livrant à la circulation tout capital, même celui dont la mobilisation pouvait paraître la plus improbable.

Pratiquement, le *chèque* est un reçu donné par le bénéficiaire d'un compte courant de la somme qu'il touche ou fait toucher à la caisse de la maison de banque qui lui a ouvert ce compte.

Sa nature propre est d'être payable à présentation. En effet, il ne porte pas, comme la lettre de change et le billet à ordre, la date du jour où il doit être payé, et il n'est pas, comme eux, la représentation d'une dette commerciale, c'est-à-dire d'un achat et d'une vente, opération par laquelle le débiteur obtient de son créancier des termes de payement plus ou moins éloignés ; il est, au contraire, le signe représentatif de tout ou partie de la somme dont le créateur du *chèque* est crédité dans une maison de banque par suite, soit d'un versement espèces, soit d'une négociation de valeurs ou de lettres de crédit, soit même d'un dépôt de titres négociables, etc., somme que tout déposant a le droit de retirer dès qu'il a intérêt à le faire.

Le *chèque* a toutefois cela de commun avec la lettre de change et le billet à ordre, qu'il emporte avec lui la présomption que la somme qu'il s'agit de recevoir est due par la personne qui doit la payer, ce qui le rend parfaitement transmissible non par endos, mais par simple remise, soit par lettre, soit de la main à la main.

Quoique le mot *chèque* et l'idée qu'il exprime ne soient connus en France que depuis peu, certaines habitudes, prises depuis quelques années dans les affaires, s'en rapprochent évidemment. Ainsi, sans parler dès ce moment, puisque nous y reviendrons plus bas, des reçus blancs de la Banque de France et de la tentative faite par trois grands établissements financiers, il est d'usage, dans certaines villes des départements, que le négociant paye les factures et même les valeurs tirées sur lui au moyen d'un reçu sur son banquier, reçu détaché, comme le *chèque*, d'un carnet à souche.

D'un autre côté, depuis que la loi a exigé le timbre pour tous les effets de commerce, quelque minime qu'en soit la valeur, et quelque courte qu'en soit l'échéance, quelques banquiers ont l'habitude de disposer sur leurs correspondants, au moyen de simples reçus qu'ils remettent à leurs clients. Mais ces derniers reçus ne sont pas des *chèques*, parce qu'au moyen de ces mots : *Dont vous me débiterez valeur telle époque*, le payement en est retardé de plusieurs jours, l'époque fixée pour la valeur du débit étant nécessairement celle du payement ; d'où il résulte qu'on peut donner un reçu quand on n'est pas créditeur, et couvrir son correspondant dans l'intervalle qui s'écoule entre le jour où il est souscrit et le jour de son payement.

Le *chèque*, au contraire, impliquant par lui-même la certitude d'un crédit acquis, doit être payable à présentation.

Les avantages qui résultent de cette mobilisation du capital par le *chèque*, de cette augmentation de circulation sont incontestables ; toute tentative faite pour populariser cette institution en France est donc une œuvre utile, et, pour bien la faire apprécier, il ne sagit que de préciser l'utilité qu'on peut retirer de son adoption plus complète.

Le *chèque*, valeur représentative d'un crédit acquis, est créé par le titulaire de ce crédit, au fur et à mesure de ses besoins. Il sert ainsi nonseulement à retirer tout ou partie des fonds déposés en compte courant, mais même, comme cela se pratique en Angleterre et aux États-Unis, il sert à opérer toute espèce de payement, et circule ainsi au même titre que le capital lui-même dont il est la représentation.

En France déjà, dans toutes les grandes villes commerciales des départements, — à Paris aussi, mais d'une manière moins générale, — les négociants qui ont un compte courant à la Banque de France font leurs payements par la remise d'un reçu sur la Banque ; et nous pourrions citer tels grands centres commerciaux où, pour le payement d'une somme échue du jour et qui est présentée à l'encaissement dans la matinée, le banquier, le négociant, remettent, contre la remise qui leur est faite du titre, des reçus sur la Banque, payables à deux heures, c'est-à-dire à l'heure où les borde-

reaux déposés le matin à l'escompte sont définitivement acceptés.

Ce qui se fait pour les reçus sur la Banque serait l'institution même du *chèque*, si toutes les
professions, commerçants, propriétaires, ren-
tiers, fermiers, etc., etc., pouvaient avoir un
compte courant à la Banque de France; si la
Banque payait l'intérêt des sommes dont elle est
débitrice, et si elle payait, dans les limites du
crédit de chacun, les reçus de ses créditeurs,
quel que soit le fractionnement de la somme
qu'ils représentent.

Mais tout le monde sait que la Banque de
France n'accorde de compte courant qu'aux négociants et qu'elle en est même très avare, car ce
n'est qu'une partie peu nombreuse du commerce
qui jouit de ce privilége; qu'elle ne paye pas l'intérêt des sommes dont elle est débitrice et qu'elle
n'autorise pas l'émission des reçus pour des
sommes inférieures à 100 francs.

En France, trois grandes institutions ouvrent
des comptes courants à toutes les personnes qui
en font la demande et dont l'état civil ne soulève
aucune difficulté :

Le Crédit mobilier,
Le Crédit foncier,
Le Crédit industriel.

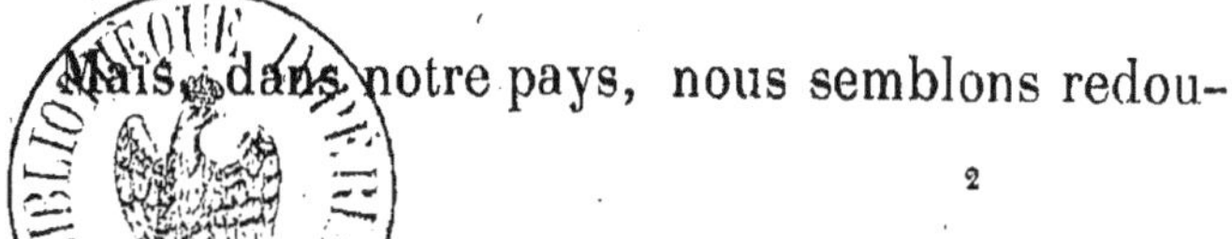

Mais, dans notre pays, nous semblons redouter de tirer d'un principe toutes les conséquences qui en découlent. On parle tant de l'exagération de notre caractère que nous portons, sans doute pour faire mentir ce proverbe, une désolante timidité dans tout ce qui touche aux affaires commerciales ou financières. La routine est notre idole, et quand avec peine nous nous sommes décidés à avancer, plus une limite est rapprochée, plus nous sommes enclins à nous y arrêter. Sans aller chercher bien loin des exemples, rappelons-nous les immenses difficultés qu'il a fallu vaincre pour arriver, par exemple, à la réforme postale, aux coupures actuelles des billets de banque.

Ne nous étonnons donc pas si les trois établissements que nous venons de citer n'ont pas donné au *chèque* tous les développements qu'il comporte. Ils ouvrent bien des comptes courants, ils payent l'intérêt des sommes qui leur sont déposées, intérêt modique il est vrai, n'importe ; mais l'un fixe le minimum du dépôt à 3,000 fr., l'autre à 1,000 fr. Au *Crédit foncier* et au *Crédit industriel*, les reçus ne sont payables qu'à trois jours de vue ; au *Crédit mobilier*, l'intérêt ne court que cinq jours après le versement ; enfin, quoique les prospectus de ces trois compagnies n'en disent rien, il est probable qu'un maximum assez élevé est fixé, comme à la Banque, pour les reçus, et nous croyons même que dans l'une de ces trois compagnies il est de règle d'enlever en une seule fois le montant du dépôt.

En appliquant la méthode éclectique dans l'examen du système en vigueur dans chacun de ces établissements financiers, en prenant chez chacun d'eux ce qui est dans la nature du *chèque*, en éloignant tout ce qui lui est contraire , nous croyons qu'une maison honorable qui oserait (çà passera pour de l'audace en France !) pratiquer le *chèque* comme on le pratique aux États-Unis et en Angleterre, avec les modifications exigées par nos besoins et par nos mœurs, pourrait rendre un grand service à notre pays.

Il s'agirait simplement, pour elle, d'ouvrir des comptes courants à toutes les personnes dont l'état civil est régulier, qui ne veulent pas laisser leurs plus légères ressources pécuniaires improductives ; de leur accorder un intérêt rémunérateur, et de les autoriser à délivrer des reçus pour toute somme, quelque minime qu'elle soit, afin que le *chèque* puisse recevoir son application et montrer son utilité dans les besoins les plus modestes des affaires et de la vie.

II

Nous venons de montrer comment l'emploi général du *chèque* tendrait à mobiliser le capital privé. De l'autre côté du détroit, le *chèque* a pénétré dans les habitudes quotidiennes des diverses classes sociales... Aussi est-il intéressant d'étudier comment y fonctionne le système.

En Angleterre, un banquier ne consent à ouvrir un compte courant à quelqu'un qu'à trois conditions : la première, d'être recommandé de personnes honorablement établies et en mesure de donner des renseignements précis sur la moralité financière du client ; la seconde, que la personne qui demande une ouverture de compte soit en mesure de déposer préalablement une somme qui varie de 12,500 fr. à 2,500 fr. ; la troisième, que le déposant s'engage à ne jamais tirer au delà de la somme qui se trouvera à son crédit, et même à conserver une balance, c'est-à-dire une sorte de réserve de compte.

Ces conditions soumises et acceptées, le déposant en comptes courants reçoit du banquier trois livrets : un *slip-book*, sur lequel le client inscrit les remises ou versements qu'il fait à son banquier ; un *pass-book*, qui va et vient sans cesse, sur lequel le banquier inscrit au jour le jour la copie du compte courant ; enfin, le *check-book* ou livre de *chèques*, à souche, dont chaque page est numérotée au talon. En un mot, le *check-book* est un livret de bons au porteur ; le *pass-book*, la simple copie du compte courant, actif et passif ; le *slip-book*, le livret des seuls versements. Il semble au premier abord qu'il manque un livret, celui des sommes retirées du compte courant. Mais, comme chaque feuille du *check-book* est partagée en un *chèque* et en une souche, la souche, restée aux mains du tireur, contient la copie du débit du compte du tireur chez le banquier; le *slip-book*, lui, donne la copie du crédit. Reste le moyen de vérification, le moyen de contrôle : cet instrument de contrôle et de vérification, c'est le *pass-book*, tenu par le banquier, qui est la simple copie du compte courant et qui contient à la fois le débit et le crédit.

Trois espèces de *chèques* sont en usage en Angleterre : le *chèque* simple, le *chèque* barré, le *chèque* à ordre. Quelle que soit la classe à laquelle appartienne le *chèque*, il se détache toujours d'une souche et est toujours payé à première présentation, sans condition de délai, même lorsqu'il est à ordre.

Le *chèque* simple contient cette seule formule : « *Payez à M. X... ou au porteur, tant de livres, shillings et pence.* » — Il est signé par le tireur. — La date qui est en blanc dans le livret est remplie par le tireur. Ce dernier doit même écrire à la main sur le *chèque* le numéro de ce *chèque*, lequel numéro, dans le livret, n'est imprimé qu'à la souche. Le *chèque* simple peut être touché par tout le monde.

Le *chèque* barré *(crossed-check)* ne peut être encaissé que par un banquier. En un mot, celui qui le reçoit est forcé, pour l'encaissement, de s'adresser à son propre banquier, ou même à un banquier quelconque. Quant au tireur, il n'y a pour lui aucune modification dans l'emploi du *chèque*, qu'il soit où non barré. Graphiquement, le *crossed-check* ne diffère du *chèque* simple que par une barre qui partage le *chèque* du haut en bas. Dans cette barre sont imprimés les mots MM... et COMPAGNIE. Si l'on met à la main le nom d'un banquier, le *chèque* ne pourra être encaissé que par ce banquier. Si l'on ne met rien à la main et qu'on laisse l'inscription transversale telle qu'elle est imprimée, le *chèque* pourra être encaissé par un banquier quelconque. Remarquons que la formule principale du *chèque* n'est pas d'ailleurs modifiée et qu'on n'écrit pas : « *Payez à M..., banquier de M..., telle somme,* » mais bien toujours : « *Payez à M... ou au porteur.* » Aussi le *chèque* même barré est, aussi bien que le *chèque* simple, le plus souvent au porteur. Seulement le porteur doit avoir un banquier pour le faire encaisser.

Le *chèque* à ordre, toujours payable à vue, n'est plus, bien entendu, payable à vue au porteur. Il est en même temps barré. La formule est changée et contient ces mots : « *Payez à M..., ou à son ordre.* » — Rien de plus. — Seulement, la transformation du *crossed-check* en véritable billet à ordre et à vue nécessite l'apposition d'un timbre d'un penny.

Voici un modèle de chacune de ces trois espèces de *chèques :*

CHÈQUE SIMPLE.

—

No 12 A 259.

—

20 *novembre* 1860.

—

M. Z...

—

CENT LIVRES DIX
SHILLINGS 1 d.

—

£ 100. 10. 1d.

BANQUE DE LONDRES.

Londres, *Threadneedle street*, 20 *novembre* 1860.

No 12 A 259.

—

BANQUE DE LONDRES.

—

Payez à *M. Z.* . . . . ou au porteur

CENT LIVRES DIX SHILLINGS UN PENNY.

Signature du tireur :

X.....

£ 100. 10. 1d.

CHÈQUE BARRÉ.

—

No 13 A 512.

—

20 *novembre* 1860.

—

M. Z...

—

DEUX CENTS LIVRES
DIX SHILLINGS.

—

£ 200. 10 sh.

—

Y... et Compagnie.

BANQUE DE LONDRES.

N° 13 A 512.

—

BANQUE — MM. Y.... et Compagnie. — DE LONDRES.

—

Londres, *Threadneedle street,*
20 *novembre* 1860.

Payez à *M. Z.* . . . . ou au porteur

DEUX CENTS LIVRES DIX SHILLINGS.

Signé :

X....

£ 200. 10 shillings.

CHÈQUE A ORDRE.

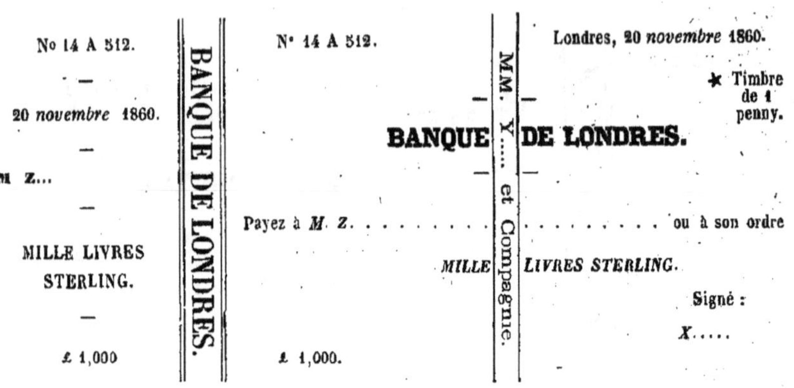

III

On peut se demander pourquoi ces trois espèces de *chèques* et s'il n'y a pas là complication.
Comme nous l'avons vu, les différences de rédac-
tion de ces trois sortes de *chèques* sont insignifiantes, et le tireur n'éprouve pas plus d'embarras
à manœuvrer l'un que l'autre. Seulement on
trouve dans les modifications si légères cependant du *crossed-check* et du *chèque* à ordre d'importantes garanties de sécurité. C'est ce que nous
allons faire voir en peu de mots.

La seule difficulté que présente l'usage. du *chèque*, c'est qu'il ne soit pas contrefait et qu'il ne puisse, par vol ou fraude, passer en d'autres mains que celles du propriétaire légitime.

Pour parer aux éventualités d'une contrefaçon de signature, le banquier qui paye le *chèque* fait signer sur un registre spécial la personne à qui il accorde une ouverture de compte courant. Cette signature, qui doit être exactement la même que celle dont le client entend faire usage sur ses *chèques*, est constatée par les commis payeurs, au moment de l'ouverture du compte et avant qu'aucun *chèque* soit présenté. Elle est confrontée, en cas de besoin, avec la signature d'un *chèque* présenté avant payement, lorsqu'il y a doute ou soupçon. Voilà pour la contrefaçon de signature, sans parler bien entendu des moyens répressifs, mis par la loi au service des parties lésées ou qui pourraient être lésées, contre les auteurs du faux.

Supposons maintenant que le *chèque* soit ou égaré ou volé, le tireur et le porteur légitime ont la ressource d'arrêter le payement. Il suffit d'avertir le banquier de ne pas payer le *chèque* portant telle date et tel numéro d'ordre. Mais comme le chèque est un effet au porteur, et que le banquier est tenu, sous peine de dommages-intérêts considérables, de payer le *chèque* à présentation, aussi longtemps qu'il y a une somme déposée suffisante au crédit du tireur, il peut arriver qu'il soit difficile de prévenir le banquier avant la présentation du *chèque* volé ou perdu. C'est pour parer à cet inconvénient qu'a été imaginé le *chèque* barré, qui ne peut être présenté à l'encaissement que par l'entremise d'un banquier. Celui qui dispose du *chèque* est donc forcé de s'adresser à son banquier. Les banquiers n'ouvrant de comptes courants qu'à bon escient, il s'ensuit que le porteur du *chèque* doit être une personne digne de confiance et avoir reçu la valeur d'une main sûre ; il s'ensuit enfin que le porteur du *chèque* est toujours connu, soit directement, soit indirectement de celui qui paye.

Quant au *chèque* à ordre, il répond à certains besoins spéciaux de négociation, mais il est très rarement employé. Il offre encore plus de garantie de sécurité que le *chèque* barré, puisqu'il ne peut être recouvré qu'autant qu'il est revêtu de l'acquit de son dernier propriétaire. Il n'est toutefois, avons-nous dit, que rarement employé, à cause de cette formalité gênante. Néanmoins, quand un payement est très fort, c'est par un *chèque* à ordre qu'on l'opère. La plupart des *chèques*, qu'ils soient *chèques* simples ou *chèques* barrés, circulent et s'éteignent sans endos ni acquit. A Londres, le *chèque* est généralement présenté et recouvré le jour même, soit directement, soit par une compensation entre banquiers, comme nous le verrons lorsque nous parlerons de la *Clearing-House*.

Le *chèque*, on le voit, est non-seulement d'un usage facile, mais il présente de sérieux avantages, comme économie de temps et de numéraire. Ainsi que le billet de commerce et même le billet de banque, il doit toujours être remboursé en espèces. Dans la pratique, les espèces sont, bien entendu, représentées par des billets de banque soumis eux-mêmes à la loi du remboursement en espèces. Il n'en est pas moins vrai que les banquiers doivent toujours être en mesure de fournir des espèces lorsqu'elles sont demandées en payement des *chèques*.

Nous avons dit que l'emploi du *chèque* économisait les espèces, ce qui cependant ne contredit en rien l'obligation imposée de payer le *chèque* en espèces sur réquisition. Par le fait du courant régulier qui s'est établi des particuliers à leurs banquiers et de ceux-ci à la banque d'Angleterre, la somme qu'il est utile de garder, en espèces, dans les caisses privées, se réduit à d'insignifiantes proportions. Il en est de même en quelque sorte chez les banquiers. La banque d'Angleterre seule est abondamment fournie d'espèces ; sous la dénomination de *privated deposits*, elle accumule pour ainsi dire la plus grande partie des espèces disponibles. C'est là une des raisons principales pour lesquelles l'encaisse métallique de la banque d'Angleterre est toujours si considérable.

Nous avons nommé la *Clearing-House*. Cette

institution est en quelque sorte le complément de l'admirable mécanisme financier de la Grande-Bretagne, mécanisme qui n'a rien d'officiel, qui même n'est soumis à aucun contrôle administratif de l'autorité, et qui, pour cette raison-là même, — en vertu de sa liberté, — est le plus fécond mécanisme financier dont on se soit jamais servi chez quelque nation que ce soit. *Clearing-House* signifie chambre de liquidation et désigne, à Londres, une réunion des principaux banquiers de la Cité, réunion qui se tient tous les jours dans l'ancien hôtel des Postes de Londres, Lombard street, et dont le but est d'opérer chaque jour, par de simples échanges de titres, les payements et les recouvrements que les banquiers membres de la *Clearing-House* ont à se faire entre eux.

L'utilité de la *Clearing-House* résulte précisément de l'emploi général et populaire du *chèque*. En effet, grâce à l'usage du *chèque* dans toutes les classes de commerçants, les banquiers de la Cité sont en réalité les caissiers généraux et communs du commerce de Londres. Les banquiers seuls reçoivent des sommes importantes, les banquiers seuls également payent des sommes considérables. Lorsque le négociant achète de la marchandise, il paye presque toujours avec un *chèque*; lorsqu'il vend, il est payé par un *chèque*. Chacun, en Angleterre, estime avec raison qu'une caisse est incommode à garder; que les recouvrements,

même sur place, seraient pénibles et nécessiteraient l'emploi d'un personnel ; qu'il est désagréable de compter de l'or et des billets de
banque et d'en porter sur soi ; qu'il est désagréable d'être exposé à se tromper ou à être
trompé ; et chacun se sert de son banquier pour
toutes les opérations de caisse. Ainsi, les déplacements d'espèces sont économisés, en premier
lieu, par les compensations premières qui s'opèrent entre les négociants, lesquels, ayant même
banquier, font des affaires entre eux ; puis les déplacements d'espèces sont économisés, en second
lieu entre les banquiers, à la *Clearing-House*,
celle-ci ne laissant à payer que des soldes. Il n'est
pas jusqu'à la Banque d'Angleterre elle-même qui,
grâce à ce système, n'éprouve une économie et
de temps et de déplacement de numéraire.

Empruntons à M. Courcelle-Seneuil, l'auteur
du *Traité théorique des opérations de banque*,
quelques détails sur le fonctionnement pratique
de l'institution où viennent se compenser en
quelque sorte tous les comptes de caisse de l'immense commerce britannique :

« Entre les usages des maisons qui forment la
Chambre de liquidation, le plus notable est celui-
ci, qu'elles ne se font l'une à l'autre aucun payement en dehors de la Chambre.

» Chacune des maisons admises à la *Clearing-
House* y possède un bureau séparé, et emploie
exclusivement aux opérations de cette Chambre

un livre et un commis. Vers onze heures du matin, le commis vient à son bureau et apporte les traites et mandats du portefeuille de sa maison, payables sur les divers banquiers admis à la Chambre : on a inscrit d'avance l'acquit au dos des traites et le nom du banquier présentateur, en travers des mandats ou *chèques*. Le commis remet dans le pupitre de chaque maison les valeurs payables chez elle, prend note de celles qui sont déposées dans le sien, et quitte la Chambre à midi. Il revient à trois heures, apportant de nouvelles valeurs, remises à sa maison depuis onze heures, les dépose de la même manière que le matin, et prend note de celles qui ont été remises dans son pupitre. De trois à quatre heures, on lui envoie de la maison d'autres valeurs au fur et à mesure qu'elles arrivent ; il continue de les distribuer et d'annoter celles qu'on lui remet. A quatre heures, les boîtes des pupitres sont fermées, et on ne reçoit plus aucun effet ; chacun fait l'addition de son compte et de chacun des comptes correspondants, et inscrit les balances sur une feuille de papier destinée à cet usage, réglée d'avance, et au milieu de laquelle sont inscrits les noms des membres de la Chambre ; deux colonnes placées l'une à droite, l'autre à gauche, sont destinées à recevoir l'inscription du solde débiteur ou créditeur de chacun. Le commis inscrit ces soldes, puis il les collationne successivement avec chacun de ses confrères. Est-on d'accord, la chose est constatée par un paraphe ; n'est-on pas d'accord, on vérifie jusqu'à ce que l'erreur soit découverte ; puis chacun fait l'addition des soldes débiteurs et celle des soldes créditeurs, et reçoit ou paye la différence.

» Les valeurs refusées sont remises dans la boîte de la maison, qui les présente avec une note indiquant les motifs du refus : « Défaut d'avis, défaut de provision, etc. » Si la valeur a été présentée avant midi, elle est ordinairement retournée avant quatre heures ; mais, en tout cas, lorsqu'elle n'est pas retournée avant cinq heures, on la considère comme acceptée. Si elle est remise après quatre heures, on l'inscrit au crédit d'un compte et au débit de l'autre, séparément, au verso de la feuille de balance.

» A cinq heures, l'établissement des comptes est terminé : deux inspecteurs appointés certifient les payements ; ce sont eux qui vérifient les comptes, si les sommes à payer ne se trouvent pas égales à celles à recevoir, ce qui atteste une erreur positive. Si les comptes se trouvent en règle, les payements et recettes se font par des dispositions sur la banque d'Angleterre, où chacune des maisons admises à la Chambre de liquidation a un compte courant ouvert.

» Les traites des comtés ne sont point acquittées immédiatement à la Chambre. On les présente le matin à la maison sur laquelle elles sont tirées, et on les échange contre des reçus qui passent en compensation dans l'après-midi. Les *chèques* qui arrivent après quatre heures sont présentés immédiatement à l'acceptation pour le lendemain, de telle sorte que, si l'acceptation est refusée, le banquier porteur puisse les retourner le soir même ou le lendemain matin à celui qui les a fournis. »

C'est grâce à ce système, si vaste et si simple à la fois, que toutes les transactions commerciales et financières de la Grande-Bretagne se font à peu près sans l'emploi des espèces métalliques et presque sans l'emploi du billet de banque entre banquiers. Pourquoi ? Parce que, d'une part, l'industrie des banquiers, chez nos voisins, est quelque chose d'aussi régulier et d'aussi sévère que le sont chez nous les fonctions de notaire, et qu'elle inspire la plus grande confiance ; parce que, d'autre part, les *chèques* tirés par les particuliers impliquent que la somme dont ils disposent de la sorte est effectivement déposée par eux chez leurs banquiers, ceux-ci étant bien connus pour leur extrême rigueur à n'ouvrir de comptes courants qu'aux clients qui non-seulement n'excèdent jamais la somme déposée par eux, mais qui même se tiennent toujours en deçà, laissant un solde à leur crédit.

D'après des calculs qui paraissent sérieux, on a établi qu'à l'heure qu'il est, la place de Londres, à elle seule, ou, pour mieux dire encore, une portion seulement des maisons d'affaires et de

commerce de cette ville, peut effectuer, *sans em-
ployer une seule pièce de monnaie ni même un
seul billet de banque,* la masse énorme de transactions représentée par un billion et demi sterling par année, soit, en monnaie française, *trente-
sept milliards cinq cents millions de francs par
an.*

En effet, à la maison de liquidation de Lom-
bard-street, il n'est besoin ni de billets de banque, ni d'espèces, puisque les soldes se réduisent
à un transfert réciproque sur deux comptes courants avec la banque d'Angleterre. La masse de
billets de banque qui était nécessaire avant le
fonctionnement du *chèque* et de la *Clearing-House*
s'est trouvée réduite à ce point que la banque
d'Angleterre effectue maintenant une économie
annuelle de 8,000 livres sterling (200,000 fr.) sur
les frais de fabrication de ses bank-notes.

Terminons ce résumé sur le fonctionnement du
chèque en Angleterre par une remarque importante. En France, les sommes en comptes courants déposées par les particuliers chez les banquiers rapportent un intérêt plus ou moins élevé,
toujours inférieur au revenu ordinaire, surtout
lorsqu'il doit être tenu disponible à la merci des
chèques à payer pour compte du déposant tireur.
En Angleterre, au contraire, les comptes courants
accordés à des particuliers ne portent en général
aucun intérêt. Cela tient aux habitudes mêmes
des banques anglaises et américaines, banques

qui ne prennent aucune commission, pour quelque opération que ce soit, et créditent ou débitent les comptes du produit net du bordereau, déduction faite de l'intérêt seulement. Il y a pour ainsi dire compensation ; et l'absence d'intérêts des comptes courants constitue pour ainsi dire la rémunération des services rendus aux déposants particuliers par les banquiers. En France, la Banque est le seul établissement qui ne serve point d'intérêt aux comptes courants. Les banquiers servent toujours un intérêt ; mais aussi ils prennent des commissions souvent très lourdes pour les moindres opérations qui leur sont demandées par leurs clients.

IV

Il est de règle générale que le bénéficiaire d'un compte courant ne peut délivrer de reçus ou mandats, ou *chèques*, que jusqu'à concurrence de son crédit, règle à laquelle la Banque, le Crédit foncier, le Crédit industriel et le Crédit mobilier ne permettent aucune infraction. La Banque refuserait à M. de Rothschild lui-même un reçu qui dépasserait de quelques centimes le montant de l'avoir de son compte. Cela se comprend : si ces institutions toléraient le découvert, ce découvert, quelque léger qu'il fût, multiplié par la masse des comptes, finirait par entamer leur capital, qui a son but, sa raison d'être, et elles se trouveraient ainsi avoir dévié de la ligne que des statuts leur ont tracée.

En présence de cette règle, qui semble rigoureuse, on peut justement se demander s'il ne serait pas difficile aux personnes qui ne sont pas habituées aux écritures employées dans les affaires (n'oublions pas que le *chèque* doit être généralisé autant que possible) de connaître avec une exactitude mathématique, au moment de délivrer un reçu, un *chèque*, leur situation dans la maison qui leur a ouvert un compte courant.

Cette difficulté, car c'en est une, disparaît au moyen du carnet des *chèques*, que les Anglais et les Américains appellent *check-book* et que nous avons fait connaître plus haut.

Les reçus ou *chèques* sont détachés d'une souche. Le recto de cette souche représente le crédit ; toutes les sommes déposées par le titulaire du compte courant y sont inscrites au fur et à mesure de leur dépôt ; le verso, sur lequel le titulaire fait figurer le montant de chaque reçu au fur et à mesure qu'il le crée, représente le débit.

En balançant le débit par le crédit, on peut avoir ainsi à toute heure la position exacte du compte.

Tous les six mois, chaque compte courant et d'intérêts doit être dressé, et les intérêts, qui sont toujours créditeurs, doivent être ajoutés au crédit du compte.

Du reste, la difficulté que nous venons de signaler, et dont nous avons atténué l'importance, n'existe pas quand le déposant et le dépositaire habitent la même ville. Le banquier dépositaire doit, en effet, dans l'intérêt du déposant comme pour la régularité des écritures, faire inscrire sur le carnet de celui-ci les sommes qui doivent être portées à son crédit, et, au besoin, faire à la souche l'inscription des sommes qu'il a payées suivant reçu, si le dépositaire avait négligé de le faire. C'est ainsi que procède la Banque de France en portant elle-même sur le carnet de chacun des bénéficiaires d'un compte courant les sommes qui doivent figurer au débit et au crédit dudit compte.

Pareil service ne peut être rendu quand le déposant et le dépositaire n'habitent pas la même ville. Dans ce cas, le déposant envoie ses fonds par le chemin de fer, ou en billets de banque par lettre chargée, ou en valeurs à encaisser, ou en titres dont la vente doit être réalisée. Le banquier dépositaire doit alors suppléer par les renseignements les plus précis, donnés dans la correspondance au service des écritures.

On demandera peut-être comment le service du *chèque* peut se faire quand le déposant et le dépositaire n'habitent pas la même ville ; comment, par exemple, un reçu ou *chèque* tiré de Limoges peut arriver à Paris, lieu d'encaissement. Rien de plus simple, en effet, que le service du chèque quand les deux parties, le déposant et le dépositaire, résident dans le même centre, et ce que nous avons dit plus haut de la facilité de circulation des reçus donnés sur la Banque de France, et de la nature du *chèque*, fait suffisamment comprendre quelle impulsion prodigieuse il imprimerait aux transactions, s'il passait enfin dans les habitudes du public. Mais si l'on suppose le dépositaire à Paris, le déposant à Limoges, par exemple, le *chèque*, dira-t-on, pourra-t-il aussi facilement fonctionner ?

Si le déposant est négociant, qu'importe qu'il habite Limoges ? Il trouvera mille fois pour une l'occasion de donner à un de ses créanciers son *chèque* en payement, ne serait-ce que comme appoint. Nous avons déjà dit que des banquiers tiraient sur leurs correspondants sous la forme d'un simple reçu, et que, dans la pratique des affaires, cela ne souffrait aucune difficulté, quand ce reçu est payable à une courte échéance. Or le *chèque* n'est-il pas à vue ?

Et quand même le déposant serait magistrat, médecin, avocat, propriétaire, rentier, fermier ou ouvrier, n'aurait-il pas très facilement l'emploi du *chèque*, soit pour couvrir son agent de change des fonds nécessaires à l'ordre qu'il lui donne, soit pour la pension de ses enfants, soit pour l'abonnement à son journal, soit pour le payement des livres qu'il reçoit, soit pour acquitter les notes de différents fournisseurs? que sais-je encore! Car n'oublions pas que le *chèque* ne représentera pas, en général, en France, les fonds constitutifs de la fortune d'un individu, mais seulement les fonds qu'il garde chez lui par précaution contre l'imprévu, ou pour la satisfaction de besoins certains, mais non immédiats.

Une dernière observation nous reste à faire, pour prémunir le lecteur d'une confusion que pourraient faire les personnes peu familières avec les idées économiques. Il est important de remarquer que le *chèque* ne peut se confondre ou plutôt être confondu avec le papier-monnaie, avec le billet de banque, par exemple, quoiqu'ils soient tous les deux, mais à des titres différents, la représentation d'une chose réelle, sérieuse. *La différence capitale est que le billet de banque est souscrit par le débiteur,* ET LE CHÈQUE PAR LE CRÉANCIER.

Le seul point de ressemblance parfaite qu'ils aient entre eux, c'est qu'ils sont tous les deux payables au porteur, et que le payeur est parfaitement libéré par le seul fait du payement. C'est même à ce point de vue que le Crédit foncier a eu raison d'insérer dans sa circulaire, à titre d'avis, qu'il n'est pas responsable du préjudice qui pourrait résulter de la perte ou de la soustraction des *chèques,* s'il n'a pas été prévenu à temps pour refuser le payement. Nous avons vu précédemment comment, à l'aide du *crossed-*

check (*chèque* barré), les Anglais étaient habilement arrivés à tourner la difficulté.

Au reste, la responsabilité encourue pour le *chèque* ne diffère en rien de celle encourue pour le billet de banque. La Banque de France paye tous les billets à vue et au porteur, et pour qu'elle ne paye pas, il faut qu'on l'instruise à temps de la perte ou du vol d'un ou de plusieurs billets portant telles lettres et tels numéros. Or, la perte ou le vol de billets de banque n'est pas chose si fréquente qu'on hésite à les recevoir en payement, quoique aucune loi ne contraigne à les recevoir, puisqu'il n'ont même pas chez nous cours forcé, comme les banks-notes en Angleterre.

V

Le but du *chèque*, avons-nous dit au début de ce travail, est de mobiliser le capital privé. Il s'agissait de démontrer que ce but n'a rien d'illusoire et n'est point une de ces utopies qui, fort belles en théories, ne sauraient résister à l'application. Aussi n'avons-nous procédé ni par raisonnements, ni par des déductions plus ou moins heureuses, plus ou moins logiques. Nous avons pensé qu'une simple exposition de ce qui se fait chez nos voisins servirait plus que de longs commentaires à gagner en France la cause du *chèque*. Nous avons donc fait ressortir le développement prodigieux que le *chèque* a pris, en Angleterre, comme moyen de payement. Nous avons montré les avantages pratiques qui en résultent sous une infinité de rapports : facilité de circulation, sécurité, économie de métaux précieux, économie de temps, etc., etc. Nous avons exposé enfin le système ingénieux qui sert pour ainsi dire, de couronnement à l'institution du *chèque* ; système qui consiste à opérer chaque jour, à la *Clearing-House*, par de simples écritures, les payements et recouvrements qu'ont à se faire entre eux les membres de cette chambre de compensation.

Nous devions appuyer sur les détails. C'est par les détails, en effet, qu'il convient d'aborder la question. Si l'on se renferme strictement dans le système théorique, on pourrait croire, en effet, n'avoir rien à récolter de l'étude du *chèque*. On n'y trouverait rien de neuf. Comme principe, on comparerait le *chèque* au reçu-coupon de compte courant de certaines maisons, au mandat de la Banque de France. La *Clearing-House* elle-même serait assimilée aux compensations que font entre eux en liquidation les agents de change de la Bourse de Paris. Nous le répétons : par son origine, par les principes qui lui servent de base et de pivot, le système du *chèque* est d'une simplicité élémentaire. Cette simplicité en constitue même le plus grand mérite et l'avantage le plus réel. Le simple, en matière de commerce et de banque, est le synonyme d'utile. Mais, par contre, ce qui est en réalité digne d'attention et d'examen, c'est la façon dont le système s'est infiltré dans la vie pratique, s'est assoupli aux exigences diverses et nombreuses du crédit, s'est modifié suivant les circonstances, s'est popularisé dans toutes les classes sociales.

Si nous eussions eu l'intention de ne faire que de l'érudition économique, notre tâche serait achevée ; mais, notre pensée étant plus pratique, nous devons compléter notre travail par le développement de quelques idées personnelles sur les moyens qui nous semblent le plus propres à généraliser chez nous un usage dont ne profite encore que la clientèle restreinte de rares établissements. En France, on ne connaît guère qu'à Paris la signification du mot *chèque*, et encore les notions qu'on en a ne dépassent-elles pas un certain public. En Angleterre, aux États-Unis, il n'est si petite bourgade au fond du district le plus éloigné, où tout le monde, en quelque sorte, ne paye à l'aide d'un bon au porteur délivré sur un banquier chez lequel on a provision.

Avant d'aborder la question d'application du *chèque* aux habitudes quotidiennes en France, résumons en peu de lignes les propriétés économiques qui donnent au *chèque* son caractère spécial de sécurité.

Le *chèque* n'est pas un papier-monnaie, comme

pourraient l'en accuser à première vue quelques personnes peu initiées aux affaires. Il n'est pas besoin de grands raisonnements pour démontrer quelle différence existe entre le *chèque* et le papier-monnaie. Il suffit de faire remarquer que le *chèque* est précisément fondé sur le principe de la réalisation en espèces. Le *chèque* ne tient pas lieu de la monnaie, le *chèque* ne la remplace pas, le *chèque* n'en est que le représentant temporaire.

Le *chèque* ne peut pas même être assimilé à un billet de banque, considéré dans l'hypothèse d'une banque dont toute la circulation s'appuierait sur un encaisse égal à cette circulation. Si le *chèque* avait quelque similitude avec les billets de banque, l'Etat, d'abord obligé de respecter le privilége de notre grand établissement de crédit, se fût opposé à ce que le Crédit foncier, le Crédit mobilier, le Crédit industriel et commercial, reçussent des comptes courants et donnassent aux déposants de ces comptes courants, des livrets de *chèques*. Or, la différence entre le billet de banque et le *chèque* consiste en ce que le billet de banque repose sur le crédit d'une banque et est émis par elle, tandis que le *chèque* est mis en circulation, au contraire, par chaque particulier, cette mise en circulation impliquant de toute nécessité une provision antérieure. En un mot, le billet de banque est souscrit par le débiteur, le *chèque* par le créancier. Le *chèque* repose exclusivement sur la confiance de celui qui le reçoit en payement à l'égard de celui qui le remet en payement. Le *chèque*, en outre, n'a point de valeur fixe comme le billet de banque. A-t-on besoin de payer 107 fr. 15, le *chèque* que délivre le débiteur au créancier représente le chiffre entier de la créance. Le *chèque* diffère encore du billet de banque en ce sens qu'une fois remboursé en espèces, il n'existe plus, tandis que le billet de banque est destiné à circuler de nouveau, comme avant son remboursement.

Le *chèque* n'a pas plus de rapport avec l'effet de commerce qu'avec le billet de banque. L'effet de commerce peut, selon les circonstances, être ou n'être pas payé à échéance. Le *chèque*, lui, à moins de faux, représente un capital existant déjà. Le billet à ordre représente un capital pour ainsi dire en véritable gestation, égal au prix absolu de la marchandise achetée, accru du bénéfice inhérent à la transaction commerciale. Le *chèque* représente, au contraire, un capital fixe d'épargne. C'est même là un point sur lequel il importe d'appuyer, à savoir que le *chèque* n'est pas l'expression des fonds constitutifs de la fortune assise ou flottante de l'individu qui le délivre, mais est seulement l'expression des fonds mis par lui à la réserve, pour être toujours disponibles.

Le *chèque* est de toutes les valeurs fiduciaires celle dont la sécurité peut être vérifiée le plus aisément par celui qui la reçoit, la question de faux absolu étant écartée. Les *chèques* ne sont-ils pas arrachés d'un livret à souches ? Celui qui reçoit le *chèque* en payement a toujours le droit d'examiner le livret. Sur le recto de la souche, il lira, à une date respective, l'inscription de toutes les sommes déposées en compte courant par le titulaire de ce compte courant ; sur le verso, il lira le montant de chaque reçu qui a été détaché. Cette souche est donc un livre de caisse qui édifie complétement celui qui accepte le *chèque*, à l'aide d'une simple balance du débit par le crédit du propriétaire du livret chez le banquier.

Telles sont les propriétés économiques, telles sont aussi les dissemblances ou les similitudes diverses avec les autres procédés fiduciaires, en vertu desquelles le *chèque* doit triompher des préjugés de routine, d'habitude ou de méfiance, qui s'opposent encore à sa naturalisation absolue en France. Quant aux avantages immédiats qui en résultent, ils peuvent se résumer comme suit :

Circulation facilitée. — Économie de la monnaie. — Disponibilité de capitaux immenses dans les caisses des maisons de comptes courants. — Cessation d'achats onéreux de métaux précieux moyennant primes. — Le taux de l'escompte rendu moins sujet à variations, à cause même de cette moindre nécessité de numéraire disponible dans les caisses des Banques de circulation. — Bénéfice continu, pour qui possède une épargne, de l'intérêt de la portion de cette épargne non encore employée. — Économie, pour les banques de circulation , non-seulement des primes qu'elles payent pour établir un niveau presque constant dans le flux et le reflux du numéraire métallique, mais même économie dans les frais de fabrication des billets de banque, économie qui n'est pas à dédaigner, puisqu'elle représente annuellement aujourd'hui, à la banque d'Angleterre, le chiffre énorme de deux cent mille francs. — Économie générale dans le déchet que subit la monnaie par une circulation et un usage incessants et perpétuels.

L'importance de ces résultats est certainement loin d'être égale. Nous avons tenu néanmoins à les grouper presque au hasard, afin de mieux faire ressortir la diversité des conséquences que peut engendrer l'adoption d'un moyen qui n'a point au fond cependant l'ambition d'être une révolution, ni même une réforme économique, puisqu'il laisse intégralement subsister le vieux principe et l'immémorial emploi de la monnaie métallique comme gage définitif de la circulation commerciale.

VI

La première condition pour qu'il soit fait accueil à un nouvel usage, en matière de finance et de commerce, est qu'il soit fait une législation de cet usage ; que cet usage, enfin, soit l'objet des prévisions légales. Cette condition n'est point indispensable en Angleterre, nos voisins faisant assez peu de cas de l'immixtion gouvernementale, administrative et judiciaire, dans les rapports d'individu à individu ; nos voisins mettant au-dessus de tout, dans un contrat, la responsabilité privée d'une des parties et la liberté d'action de l'autre partie. En France, au contraire, les précautions légales sont d'une absolue nécessité pour toute innovation. Nous n'accordons que difficilement notre confiance à une coutume de récente origine ou de naissance exotique, et il faut que la loi intervienne quelque peu et se fasse auprès de nous pour ainsi dire l'introductrice et la répondante de cette coutume. Pour le *chèque* plus encore que pour toute autre chose, nous ne comprendrions pas une indépendance complète, une entière irresponsabilité devant les tribunaux. Chez nous, en effet, l'abus est toujours si voisin de l'usage !

En Angleterre, le *chèque*, avec les diverses protections qui y sont attachées, est seulement une affaire d'usage. Il n'a encore été l'objet d'aucune précaution de la loi. Les difficultés les plus sérieuses, les contestations les plus graves ont même été soulevées récemment devant les tribunaux de Londres et sont encore pendantes. Les juges n'ont, en effet, pour guide que les dispositions des lois sur le faux en écriture privée et commerciale.

A l'aide de ces lois, on a pu cependant donner au *chèque* simple une sécurité très suffisante ; mais, par une bizarrerie digne d'être signalée, le *chèque barré*, c'est-à dire l'espèce de *chèque* à laquelle on a prétendu donner commercialement une sécurité plus grande qu'au *chèque* simple, le *chèque barré*, disons-nous, laisse une porte ouverte à la fraude, ce qui n'empêche pas cependant que la préférence ne soit largement accordée à ce dernier par le commerce et la banque.

Quelques mots d'explication sont ici nécessaires.

Nous avons dit, dans la seconde partie de ce travail, qu'en Angleterre le déposant en comptes courants reçoit de son banquier trois livrets, le *slip-book*, le *pass-book*, et le *check-book*, livret à souches dont chaque page est numérotée au talon. Chaque feuille du *check-book* est partagée en un *chèque* et en une souche : la souche restée aux mains du tireur contient la copie du débit du compte du tireur chez le banquier ; le *slip-book* donne la copie du crédit ; le *pass-book* contient à la fois le débit et le crédit.

Il résulte de cet ensemble que toute falsification d'écritures sur ces livrets est assimilée logiquement à une falsification d'écritures commerciales. Donc, un *chèque* ne peut être tiré sur un banquier chez lequel il n'y ait pas provision, le tireur ne pouvant arguer d'ignorance. La mise en circulation d'un *chèque* dans ces conditions peut et doit être placée devant la loi sur le même rang qu'un faux commercial.

Il peut arriver que le *chèque* soit ou égaré ou volé. Il reste alors l'unique ressource à celui qui est victime du vol ou de la perte du *chèque*, de faire ce que fait chez nous celui auquel un billet de banque dont il sait le numéro a été volé ; il lui reste la ressource de mettre opposition au payement. Mais il faut que le propriétaire du *chèque* s'aperçoive à temps de l'accident, car le *chèque* simple est au porteur comme le billet de banque. C'est pour parer à cet inconvénient que les Anglais ont imaginé le *crossed-check* ou *chèque barré*, dont la barre signifie que le payement ne sera effectué qu'entre les mains d'un banquier quelconque. Or, c'est à propos de ce *crossed-check* que la loi, n'ayant pas de dispositions spéciales, se trouve désarmée. Si l'on parvient à effacer la barre, le *crossed-check* devient un *check* simple, et est payable au porteur. Le cas s'est produit : la loi étant silencieuse, la justice a décidé qu'un *crossed-check* sur lequel la barre et le nom du banquier étaient rayés ne pouvait pas être considéré comme un *chèque* faux.

Le *chèque* peut être contrefait. La loi se trouve naturellement armée ; il y a alors, en effet, faux patent en écriture privée et commerciale. Mais le caractère anglais est porté davantage à prévenir les délits qu'à se reposer tranquille sur la terreur, souvent hypothétique, qu'inspire aux coupables un arsenal de lois criminelles. Aussi l'expérience a-t-elle conduit le banquier à constater l'authenticité de la signature du *chèque* qui lui est présenté. Nous trouvons à ce sujet, dans un des ouvrages qui traitent de la matière, quelques détails intéressants.

« Le banquier, celui qui paye le *chèque*, a soin
» de faire signer sur un registre *ad hoc* la per-
» sonne à qui une ouverture de compte est accor-
» dée. Cette signature, qui doit être exactement
» la même que celle dont le client entend faire
» usage sur ses *chèques*, signature individuelle
» ou raison sociale, est constatée par les commis
» payeurs au moment de l'ouverture du compte
» et avant qu'aucun *chèque* soit présenté ; elle est
» confrontée, en cas de besoin, lorsqu'il y a doute
» ou soupçon avant le payement du *chèque*. La
» *Clearing-House* faisant ses opérations en deux
» temps, c'est-à-dire ne balançant le compte de
» la journée qu'après référence et confrontation,
» s'il y a lieu, les banquiers ont entre eux les
» mêmes moyens de contrôle que ceux qui exis-
» tent pour chacun des banquiers ou chacune des
» banques avec leurs clients individuels. »

Mais il ne suffisait pas que la loi commerciale et la loi pénale eussent fourni des armes contre les fraudes criminelles, il fallait principalement conserver au *chèque* ce caractère propre et cette individualité qui lui donnent une entière garantie de sécurité de payement. Il fallait, en un mot, que le *chèque* restât la valeur par excellence, payable à présentation. Les tribunaux anglais allouent en conséquence des dommages-intérêts considérables à tout porteur de *chèque* qui n'a pas été soldé immédiatement à présentation , alors qu'on n'a point déclaré à ce porteur de *chèque* qu'il n'y avait point balance suffisante au profit du tireur.

Lorsqu'il s'agira de statuer en France sur la législation du *chèque*, il devra être tenu large compte de tout ce qui, dans la loi anglaise, est assez élastique pour s'appliquer à nos mœurs. Les lacunes de cette loi et de ses applications ne seront pas étudiées en vain. Elles ont leur éloquence.

Au reste, des dispositions législatives à l'endroit du *chèque* seront facilement obtenues en France, d'autant plus facilement que, dans les classes sociales élevées, la question du compte courant et du coupon reçu a fait déjà un grand pas depuis deux ans, c'est-à-dire depuis que le Crédit foncier, le Crédit mobilier, et, en dernier lieu, le Crédit commercial et industriel, ont ouvert des comptes courants particuliers avec facilité, ou de retrait immédiat, ou de retrait par reçus-coupons. Or, des reçus-coupons aux *chèques* la distance est minime. De nouvelles dispositions législatives seront d'ailleurs d'autant plus aisément accordées, que l'usage du *chèque* n'a rien de contraire soit à l'esprit général du droit fran-

çais, soit au privilége de la Banque de France. Il
y a plus.: on peut dire que c'est précisément notre
première institution de crédit qui se trouve le plus
intéressée à l'adoption générale du *chèque* comme
mode de payement. Elle y économiserait, en certains cas, l'achat de métaux à l'étranger, et,
chose importante pour elle, ses opérations d'escompte ne subiraient aucune diminution de l'application du nouveau système.

VII

Il nous reste à soumettre à nos lecteurs l'é-
bauche du plan général d'une institution financière dont la spécialité consisterait à vulgariser
chez nous l'emploi du *chèque*. Nous n'avons
certes pas la prétention de préciser ici les procédés grâce auxquels on arrivera tôt ou tard à réa-
liser en France ce progrès désirable et désiré de
circulation. Bien des chemins conduisent au même
but, et tant d'obstacles se dressent devant toute
innovation, que fort souvent une voie détournée
mène plus vite au résultat souhaité que tel chemin qui semblait le plus direct en théorie. Ce
n'est donc point, nous le répétons, une règle absolue que nous voulons poser ici, c'est une simple
hypothèse dont la réalisation, on l'avouera d'ail-

leurs, n'a rien d'utopique, n'a rien d'improbable, une hypothèse surtout qui ne tranche point par des dissemblances trop accusées sur le ton uniforme de nos habitudes commerciales et financières.

Nous ne souhaiterions pas que l'institution appelée à populariser en France l'usage du *chèque* fût une institution d'État. Nous croyons, en effet, qu'en matière économique et industrielle l'initiative privée offre de puissants avantages. La Banque de France est, à vrai dire, aussi bien que la Banque d'Angleterre, une institution privée. Pas plus que le capital de la Banque, le capital du nouvel établissement ne devrait être ou fourni, ou garanti, ou appelé par l'Etat. Pas plus que la responsabilité des actes de la Banque, la responsabilité matérielle des actes du nouvel établissement ne devrait remonter de l'établissement à l'État.

Toutefois, il faut tenir compte et de nos habitudes et pour ainsi dire de nos faiblesses. Nous n'aimons guère à ne pas voir le gouvernement intervenir peu ou beaucoup dans toutes les innovations. Si le gouvernement n'intervient pas, nous regardons en quelque sorte son abstention comme un désaveu, presque comme un blâme. Nous chérissons l'initiative de l'État et son immixtion principalement en ce qui touche nos intérêts matériels. Une institution entièrement en dehors de toute tutelle, de tout contrôle du pouvoir, se flatterait vainement de triompher vite et bien de l'i-

gnorance des uns, de la méfiance des autres. Un
moyen terme doit donc être accepté, comme pour
la Banque, comme pour le Crédit foncier, moyen
qui concilie l'indépendance indispensable au fonctionnement d'opérations financières avec les exigences de notre esprit centralisateur et gouverne-
mentaliste. D'une part, capitaux de fondation
demandés au public, responsabilité complète-
ment privée, administration libre. D'autre part,
surveillance de l'État, contrôle administratif su-
périeur, mais sans responsabilité matérielle,
comme pour la Banque de France, comme pour le
Crédit foncier, nous le répétons encore. Telle serait, à notre avis, la condition suffisante à l'effica-
cité de l'établissement en question.

On composerait le personnel administratif su-
périeur de cet établissement de notabilités financières et commerciales, on bornerait sa mission à
recevoir en dépôt les espèces destinées aux payements courants des commerçants et des particuliers. En un mot, l'institution fonctionnerait, dans
un ordre d'opérations tout différent, parallèlement
et côte à côte avec la Banque de France. On y con-
centrerait, on y centraliserait enfin les nombreuses
et importantes affaires du genre de celles qui se
traitent, en Angleterre, dans les divers *Joint-
stock-banks* ou banques privées de Londres. A
Londres, la confiance dans les grandes maisons
particulières est en quelque sorte illimitée. En
France, on a plus volontiers affaire à l'État qu'aux

entreprises isolées. Chez nous, on déposerait donc, avec plus de confiance qu'on n'en montre à l'égard des banques particulières, dans une caisse — qui ne serait pas dirigée par des fonctionnaires publics (ce qui serait un mal et un excès), — mais dont la haute surveillance incomberait moralement à l'administration. Quant au dommage qui semblerait devoir résulter de cette création pour celles de nos maisons de banque qui usent déjà de la faculté de donner à leurs clients et déposants des livrets de *chèque*, ce dommage serait illusoire. Le développement que prendrait l'emploi du *chèque* augmenterait plutôt qu'il ne diminuerait la clientèle de ces maisons. A Londres, tous les payements s'opèrent par l'entremise des membres de la *Clearing-House;* les affaires y sont-elles moins importantes dans les maisons de banque qui ne font pas partie de la chambre de liquidation? Bien au contraire, l'activité y est d'autant plus grande en quelque sorte, que ces maisons, la maison Rothschild comprise, la maison Baring comprise, ne font jamais un payement par elles-mêmes.

Au premier abord, on se demandera peut-être pourquoi la Banque de France, établissement créé pour l'escompte, ne s'occuperait point elle-même des détails de cette organisation. Une raison majeure s'y oppose. La Banque de France ne reçoit point de comptes courants portant intérêt. L'organisation de l'établissement qui nous occupe aurait plus de similitude, sur ce point seulement, avec la Caisse des dépôts et consignations, qu'avec la Banque, avec cette différence bien entendu qu'elle ne serait pas, comme la Caisse des dépôts et consignations, un des rouages des finances gouvernementales. Un capital de garantie fourni par des actionnaires répondrait seul matériellement auprès du public de la solidité de l'établissement.

Nous avons vu précédemment qu'en Angleterre les comptes courants ne rapportent que rarement intérêt chez les banquiers. L'intérêt des capitaux déposés est le bénéfice de ces banquiers, lesquels se constituent gratuitement, moyennant cet abandon d'intérêt, les intermédiaires des diverses opérations financières de leurs clients et les caissiers de ces clients. Nos usages sont différents. Peu de personnes placeraient, même provisoirement, leurs épargnes, si ces épargnes, quoique destinées à être dépensées dans un temps prochain, ne devaient pas être momentanément la source d'un léger revenu. Il serait donc de toute nécessité que l'institution qui s'occuperait spécialement de *chèques* et de comptes courants servît un intérêt à ses déposants. Toutefois, le capital social, le capital de garantie, devant, lui aussi, trouver une rémunération, il faudrait ne servir d'intérêt aux déposants que pour les dépôts dont le chiffre dépasserait un niveau fixé administrativement.

Ici se présentent quelques questions de détail. D'abord le système du *chèque* repose sur l'idée d'une disponibilité perpétuelle du capital qu'il représente. Comment donc, le capital devant rester perpétuellement disponible, serait-il possible d'arriver à servir non-seulement un intérêt aux déposants, mais encore à offrir un dividende aux actionnaires de l'entreprise?

A côté du fait théorique et moral de la disponibilité perpétuelle de tout le capital de tous les *chèques* créés et à créer, jusqu'à épuisement du capital déposé, se trouve le fait pratique de l'impossibilité que les capitaux déposés se trouvent simultanément et entièrement transformés en *chèque*, et par conséquent réclamés. Ajoutons les virements de compte qui résument en écritures à passer la majeure partie des mouvements de fonds. On comprend que la disponibilité perpétuelle du quart du capital déposé répond plus que largement aux exigences du remboursement immédiat du plus grand nombre possible de *chèques* que l'on puisse imaginer en temps normal. Un quart seulement des dépôts serait donc improductif; les trois autres quarts pourraient être placés en rentes sur l'Etat. Le quart du capital improductif équivaudrait à peu près à la portion des petits dépôts auxquels il ne serait pas servi d'intérêt; les trois autres quarts rapporteraient un intérêt de placement inversement proportionnel au prix d'achat des rentes; mais comme l'intérêt servi aux déposants serait inférieur aux taux de capitalisation de la rente, il

resterait au capital social une rémunération suffisante.

Mais, dira-t-on encore, à quoi peut servir le
capital social, le capital actionnaire? Il sert de
garantie d'abord, de garantie morale, de garantie matérielle ; puis il répond des éventualités mêmes de ces placements de fonds en rentes sur l'État. La disponibilité perpétuelle du
capital du *chèque* est une loi suprême. Elle
revient à dire, prise dans l'esprit et à la lettre, que le capital qui est derrière le *chèque* ne
peut et ne doit subir aucune altération ni avan-
tageuse ni désavantageuse. Or, ne peut-il pas arriver que la rente fléchisse, et que les réalisations
de titres (nécessitées par des besoins de capitaux,
pour le remboursement d'une plus grande af-
fluence de *chèques*) se traduisent en perte? Qui
comblera le déficit? Le capital social, le capital
actionnaire, celui-là même qui verrait ses divi-
dendes augmenter si l'événement inverse se pro-
duisait, c'est-à-dire si les réalisations de titre
donnaient un bénéfice.

Nous ne voulons point appuyer sur l'influence
qu'exercerait sur le crédit ce placement de la majeure partie des dépôts. C'est là une de ces com-
binaisons dont l'importance n'échappe point aux
personnes familiarisées avec la pratique des questions de finance, mais qui se comprend plus facilement qu'elle ne se définit. Il ne s'agirait certes
pas de spéculation, puisque toute spéculation se-

rait formellement interdite à l'établissement. Par
cela même en quelque sorte qu'il ne s'agirait que
du placement le plus sérieux possible, le placement en rentes d'État, l'action exercée sur le crédit serait encore plus puissante. Que de titres
flottants se trouveraient immédiatement classés !
Croit-on que le *chèque* ou plutôt le système dont
le *chèque* est l'expression ne joue pas un rôle important, même sur le marché des fonds publics
anglais ? Quand les *Joint-stock-banks* achètent,
quels fonds emploient-ils, sinon les fonds inactifs
des déposants ? Qui sait à quel cours redescen-
draient les consolidés si les placements de ce
genre se dénouaient soudain, chose impossible,
et rendaient au flottant du Stock-exchange les
titres aujourd'hui classés de cette façon ? Qui sait
à quel cours monterait notre rente s'il était possible de centraliser les seuls capitaux de circulation incessante, de faciliter cette circulation
même par le *chèque*, et de consacrer non pas les
trois quarts, non pas la moitié, mais le quart à
peine de ces capitaux, à des achats de 3 0/0 ?

Mais ce n'est là qu'une face latérale de la question. Ce n'est point au point de vue de spécifique
plus ou moins salutaire au crédit de l'État que
nous envisageons la vulgarisation du *chèque* et
la création d'un établissement à ce destiné. Les
raisons d'ordre purement commercial que nous
avons fait valoir dans le courant de ce travail ont
à nos yeux une bien autre importance. Aussi n'a-

vons-nous voulu qu'indiquer sommairement, en
sorte de conclusion, le rôle qui, selon nous, incomberait à un établissement spécial. Pour qu'une
idée ait chance de passer dans le domaine des
faits, la principale et première condition est de
démontrer que cette idée est vraiment pratique,
la seconde de faire voir comment elle-le devient
ou peut le devenir.

Paris. — Imprimerie de Dubuisson et Cᵒ, rue Coq-Héron, 5.

Paris, imp. de Dubuisson et Ce, rue Coq-Héron, 5.